Impressum
Verlag: BABADADA GmbH, Nedderfeld 112 , 22529 Hamburg
Geschäftsführer / Verlagsleitung: Harald Hof
Druck: Books on Demand GmbH, In de Tarpen 42, 22848 Norderstedt

Imprint
Publisher: BABADADA GmbH, Nedderfeld 112 , 22529 Hamburg, Germany
Managing Director / Publishing direction: Harald Hof
Print: Books on Demand GmbH, In de Tarpen 42, 22848 Norderstedt

escola

school

dividir
divide

186/2

tauler
board

classe
classroom

pati (de l'escola)
school yard

professor
teacher

paper
paper

escriure
write

estilogràfica
pen

escriptori
desk

regle
ruler

llibre
book

estudiant
pupil

bossa

satchel

estoig

pencil case

llapis

pencil

maquineta de fer punta

pencil sharpener

goma

rubber

bloc de dibuix

drawing pad

dibuix

drawing

pinzell

paintbrush

capsa de pintures

paint box

tisores

scissors

cola

glue

quadern d'exercicis

exercise book

deures

homework

nombre

number

2+2

afegir

add

5-2

sostreure

subtract

2×2

multiplicar

multiply

calcular

calculate

lletra

letter

ABCDEFG
HIJKLMN
OPQRSTU
VWXYZ

alfabet

alphabet

mot

word

text

text

llegir

read

guix

chalk

lliçó

lesson

llibre de classe

register

examen

exam

certificat

certificate

uniforme escolar

school uniform

formació

education

enciclopèdia

encyclopedia

universitat

university

microscopi

microscope

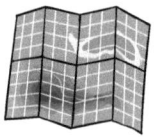

mapa

map

paperera

waste-paper basket

viatge
travel

hotel
hotel
Grand
alberg
hostel
ROOMS
CHANGE
oficina de canvi
bureau de change
maleta
suitcase
automòbil
car

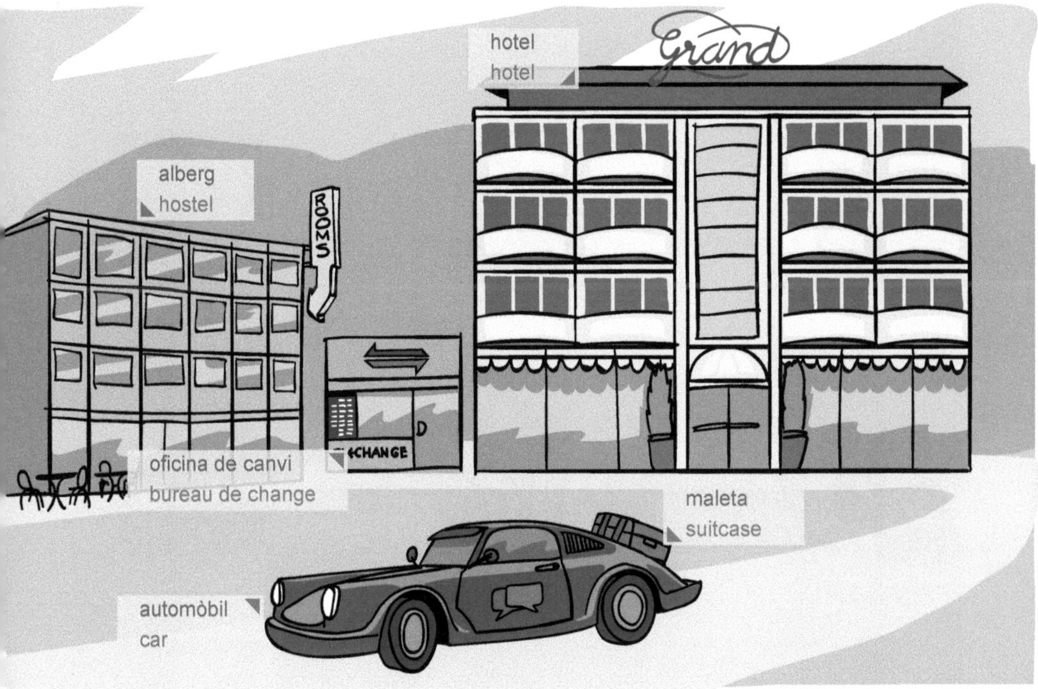

llengua

language

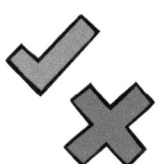

sí / no

yes / no

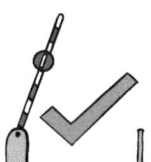

D'acord

Okay

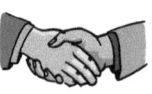

Ey!

hello

traductora

translator

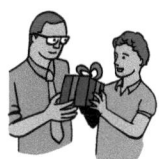

gràcies

Thank you

Quant costa... ?

how much is...?

No entenc

I do not understand

problema

problem

Bona nit!

Good evening!

bon dia!

Good morning!

bona nit!

Good night!

fins aviat

bye bye

direcció

direction

bagatge

luggage

bossa

bag

sarrona

backpack

convidat

guest

cambra

room

sac de dormir

sleeping bag

tenda

tent

oficina de turisme

tourist information

platja

beach

carta de crèdit

credit card

esmorzar

breakfast

dinar

lunch

sopar

dinner

bitllet

ticket

ascensor

lift

segell

stamp

frontera

border

duana

customs

ambaixada

embassy

visat

visa

passaport

passport

transport

transport

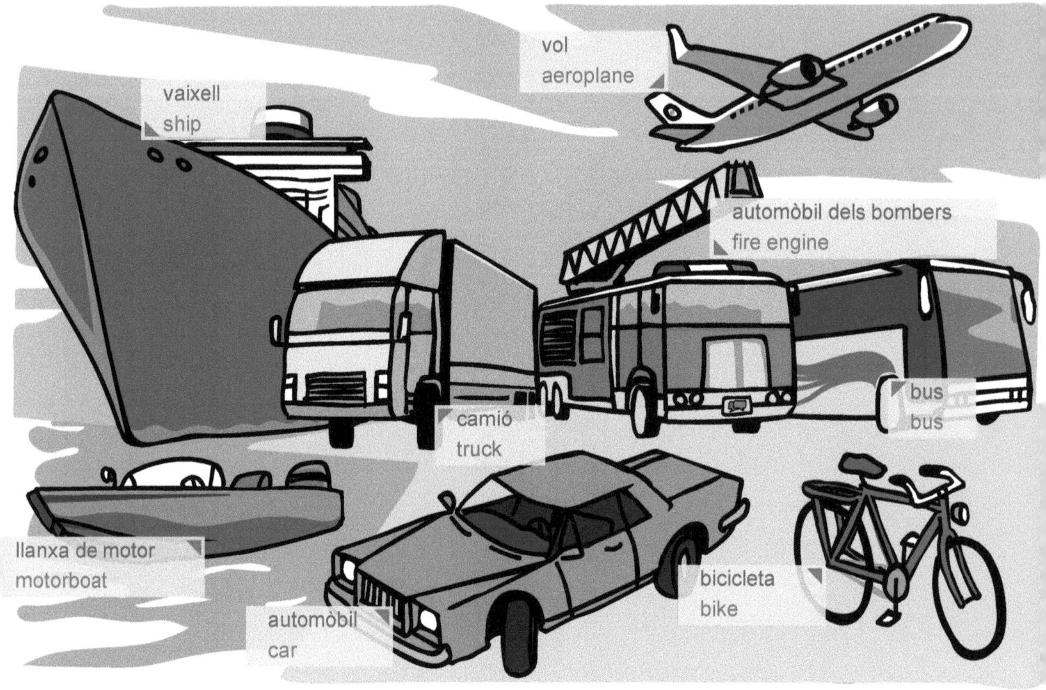

vol
aeroplane
vaixell
ship
automòbil dels bombers
fire engine
bus
bus
camió
truck
llanxa de motor
motorboat
automòbil
car
bicicleta
bike

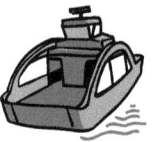

transbordador

ferry

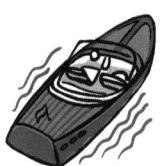

barca

boat

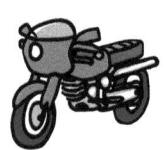

moto

motorbike

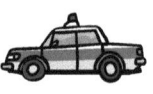

automòbil de policia

police car

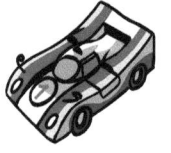

automòbil de curses

racing car

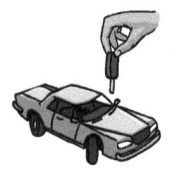

automòbil de lloguer

rental car

vehicle compartit	grua	camió de les escombraries
car sharing	breakdown truck	refuse truck

motor	benzina	benzineria
motor	fuel	petrol station
	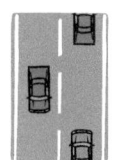	
senyal de trànsit	trànsit	embús
traffic sign	traffic	traffic jam

aparcament	estació de trens	vies
car park	train station	tracks
	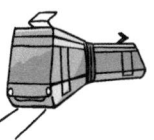	
tren	tramvia	vagó
train	tram	carriage

helicòpter

helicopter

aeroport

airport

torre

tower

passatger

passenger

contenidor

container

capsa de cartó

carton

carretó

cart

cistella

basket

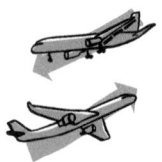

enlairar-se / aterrar

take off / land

ciutat

city

poble

village

centre de la ciutat

city centre

casa

house

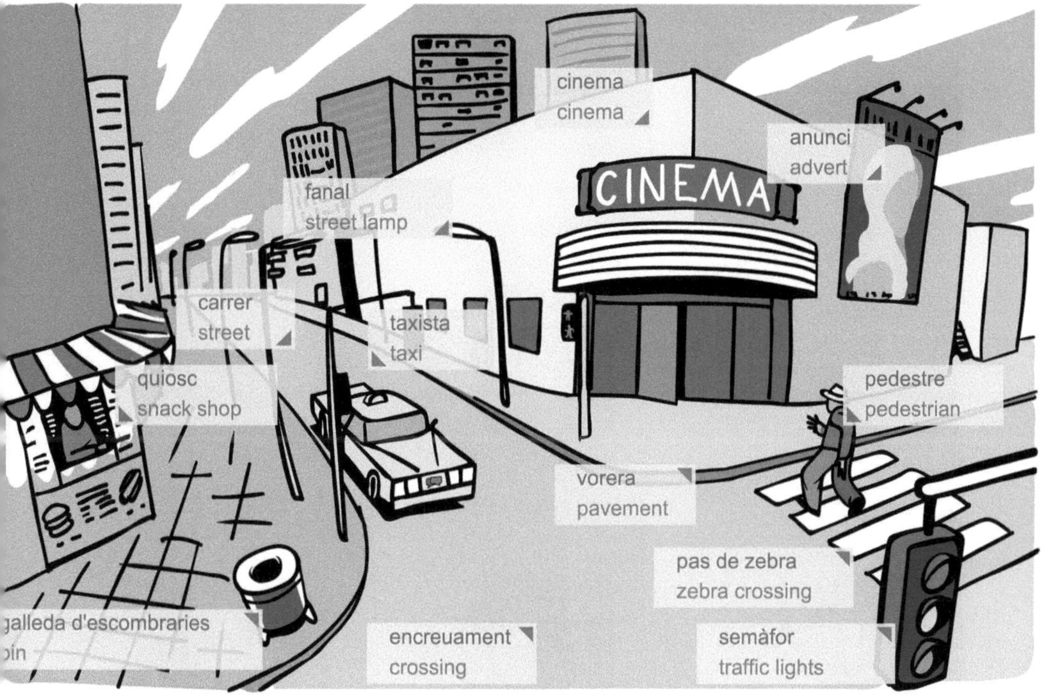

cinema
cinema

anunci
advert

fanal
street lamp

CINEMA

carrer
street

taxista
taxi

pedestre
pedestrian

quiosc
snack shop

vorera
pavement

pas de zebra
zebra crossing

galleda d'escombraries
bin

encreuament
crossing

semàfor
traffic lights

cabana

hut

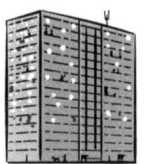

apartament

flat

estació de trens

train station

casa de la vila-ciutat

town hall

museu

museum

escola

school

universitat

university

banca

bank

hospital

hospital

hotel

hotel

farmàcia

pharmacy

oficina

office

llibreria

book shop

botiga

shop

floristeria

florist's

supermercat

supermarket

mercat

market

gran magatzem

department store

peixateria

fishmonger's

centre comercial

shopping centre

port

harbour

parc

park

banc

bench

pont

bridge

escala

stairs

metro

underground

túnel

tunnel

parada d'autobús

bus stop

bar

bar

restaurant

restaurant

bústia de correu

postbox

senyal indicador

street sign

parquímetre

parking meter

zoo

zoo

piscina

swimming pool

mesquita

mosque

ciutat - city

granja

farm

pol·lució

pollution

cementiri

graveyard

església

church

parc infantil

playground

temple

temple

paisatge

landscape

fulla
leaf

cartell indicador
signpost

camí
way

prat
meadow

pedra
stone

excursionista
hiker

arbre
tree

riu
river

gespa
grass

flor
flower

vall
valley

muntanya
hill

llac
lake

bosc
forest

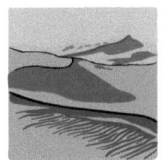

desert
desert

volcà
volcano

castell
castle

arc de Sant Martí
rainbow

bolet
mushroom

palmera
palm tree

moscard
mosquito

mosca
fly

formiga
ant

abella
bee

aranya
spider

escarabat

beetle

granota

frog

esquirol

squirrel

eriçó

hedgehog

llebre

hare

òliba

owl

ocell

bird

cigne

swan

senglar

boar

cervo

deer

ant

moose

presa

dam

turbina

wind turbine

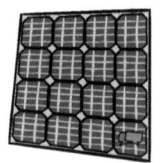

panell solar

solar panel

clima

climate

cambrer
waiter

menú
menu

cadira
chair

sopa
soup

pizza
pizza

tovalla
tablecloth

coberts
cutlery

primer plat
starter

plat principal
main course

darreries
dessert

begudes
drinks

menjar
food

ampolla
bottle

menjar ràpid

fast food

menjar de carrer

street food

tetera

teapot

sucrer

sugar bowl

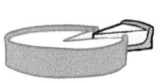

porció

portion

màquina d'espresso

espresso machine

trona

high chair

factura

bill

plata

tray

ganivet

knife

forqueta

fork

cullera

spoon

cullereta

teaspoon

tovalló

serviette

got

glass

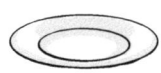

plat

plate

plat de sopa

soup plate

plateret

saucer

salsa

sauce

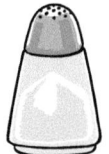

saler

salt pot

molinet de pebre

pepper mill

vinagre

vinegar

oli

oil

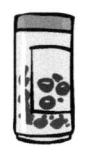

espècies

spices

quètxup

ketchup

mostassa

mustard

maionesa

mayonnaise

supermercat
supermarket

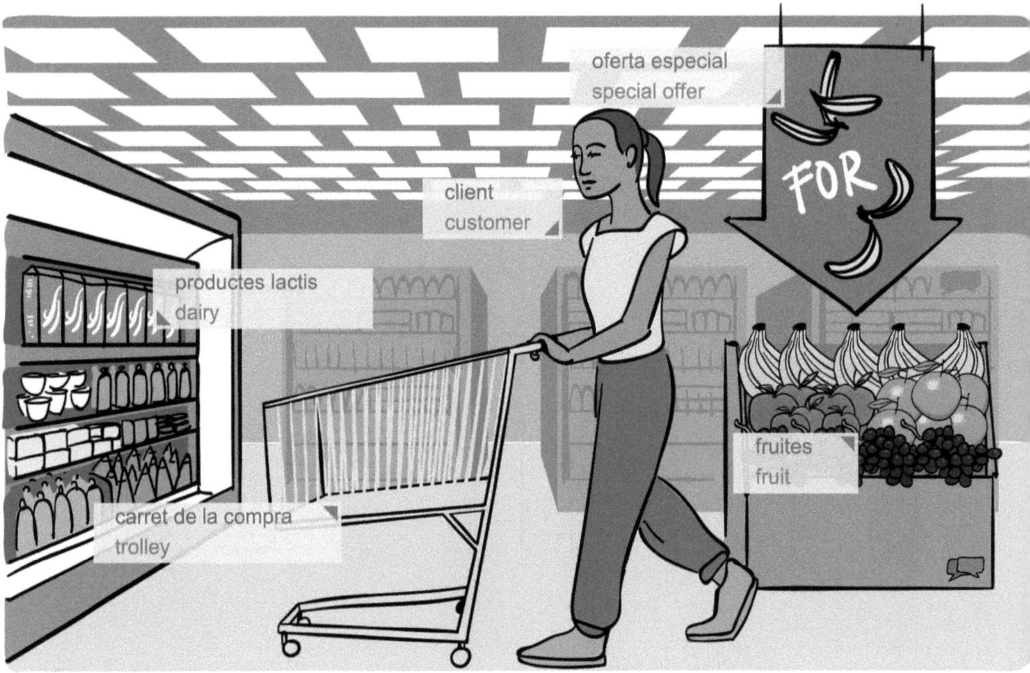

oferta especial
special offer
FOR
client
customer
productes lactis
dairy
fruites
fruit
carret de la compra
trolley

BUTCHERS

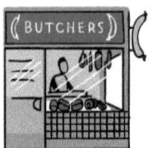

carnisseria

butcher´s

BAKERY

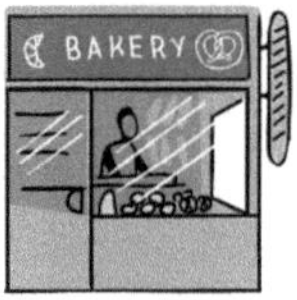

forn de pa

baker´s

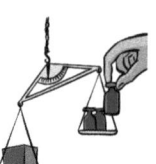

pesar

weigh

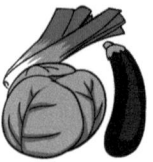

verdures

vegetables

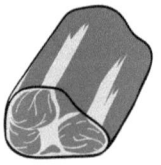

carn

meat

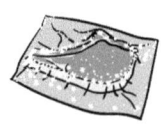

menjar congelat

frozen food

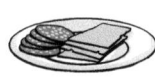

carn freda

cold meat

conserves

tinned food

detergent en pols

washing powder

dolços

sweets

articles domèstics

household products

productes de neteja

cleaning products

venedora

salesperson

caixa registradora

till

caixera

cashier

llista de la compra

shopping list

horari d'obertura

opening hours

portamonedes

wallet

carta de crèdit

credit card

bossa

bag

bossa de plàstic

plastic bag

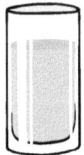

aigua

water

suc

juice

llet

milk

coca-cola

coke

vi

wine

cervesa

beer

alcohol

alcohol

cacau

cocoa

te

tea

cafè

coffee

espresso

espresso

cappuccino

cappuccino

banana

banana

poma

apple

taronja

orange

síndria

melon

llimona

lemon

pastanaga

carrot

all

garlic

bambú

bamboo

ceba

onion

bolet

mushroom

avellanes

nuts

fideus

noodles

espaguetis

spaghetti

arròs

rice

amanida

salad

patates fregides

chips

patates fregides

fried potatoes

pizza

pizza

hamburguesa

hamburger

entrepà

sandwich

escalopa

cutlet

cuixot

ham

salami

salami

salsitxa

sausage

pollastre

chicken

rostit

roast

peix

fish

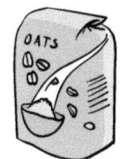

flocs de civada

porridge oats

musli

muesli

cereals

cornflakes

farina

flour

croissant

croissant

panet

bread roll

pa

bread

torrada

toast

bescuits

biscuits

mantega

butter

mató

curd

pastís

cake

ou

egg

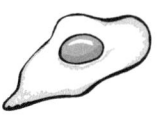

ou fregit

fried egg

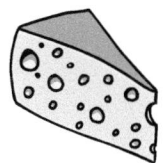

formatge

cheese

menjar - food

gelat

ice cream

sucre

sugar

mel

honey

melmelada

jam

crema de xocolata

chocolate spread

curri

curry

granja
farm

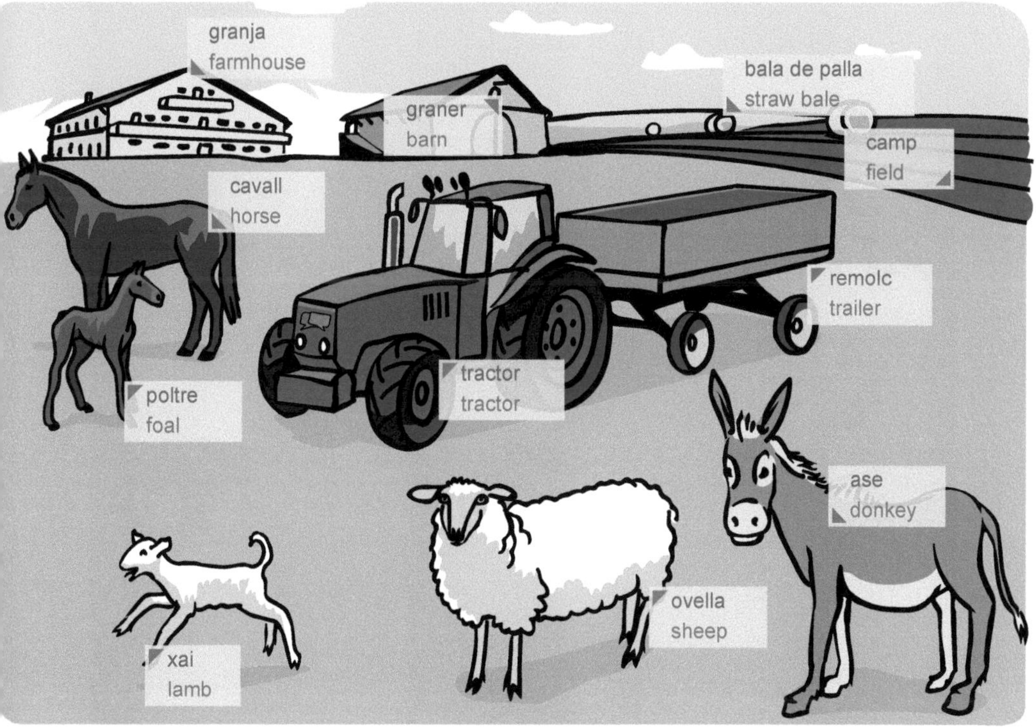
granja
farmhouse
graner
barn
bala de palla
straw bale
camp
field
cavall
horse
remolc
trailer
tractor
tractor
poltre
foal
ase
donkey
ovella
sheep
xai
lamb

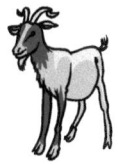

cabra

goat

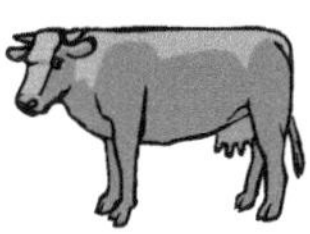

vaca

cow

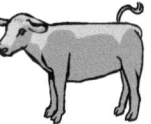

vedella

calf

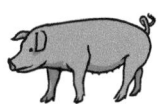

porc

pig

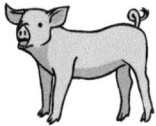

garrí

piglet

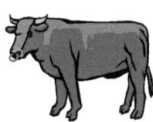

bou

bull

oca

goose

ànec

duck

poll

chick

gall

hen

gallina

cock

rata

rat

gat

cat

ratolí

mouse

bou

ox

gos

dog

gossera

doghouse

mànega de regar

garden hose

regadora

watering can

dalla

scythe

arada

plough

falç

sickle

aixada

hoe

forca

pitchfork

destral

axe

carretó

wheelbarrow

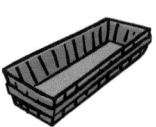

abeurador

trough

lletera

milk can

sac

sack

tanca

fence

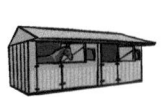

establa

stable

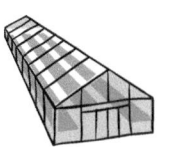

hivernacle

greenhouse

sòl

soil

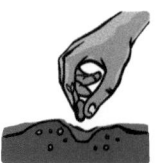

llavor

seed

adob

fertilizer

collidora

combine harvester

collir

harvest

collita

harvest

nyam

yams

blat

wheat

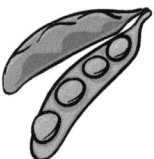

soja

soy

patata

potato

blat de moro o d'indi

corn

colza

rapeseed

arbre fruiter

fruit tree

mandioca

cassava

cereals

cereals

casa
house

fumera
chimney
teulada
roof
canaló
drainpipe
finestra
window
garatge
garage
campana
doorbell
porta
door
galleda de les escombraries
rubbish bin
bústia de correu
letterbox
jardí
garden

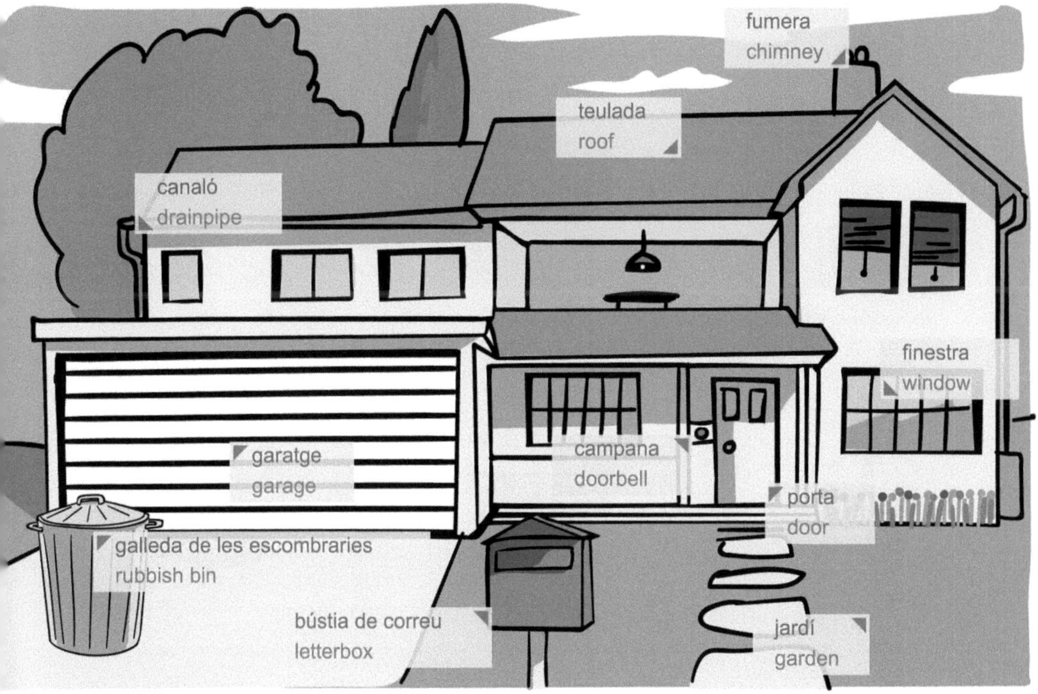

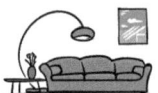

sala d'estar

living room

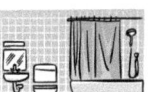

bany

bathroom

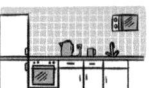

cuina

kitchen

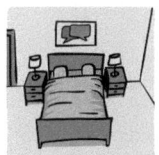

cambra de dormir

bedroom

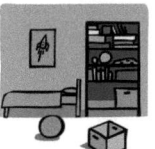

cambra de nen

child's room

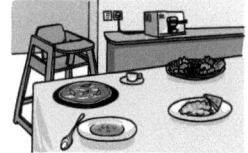

menjador

dining room

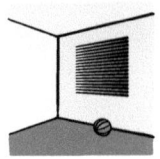

sòl

floor

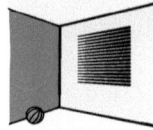

paret

wall

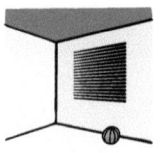

sostre

ceiling

soterrani

cellar

sauna

sauna

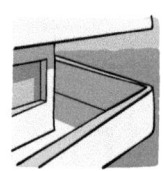

balcó

balcony

terrassa

terrace

piscina

pool

tallagespa

lawn mower

vànova

sheet

cobrellit

bedspread

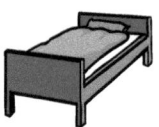

llit

bed

escombra

broom

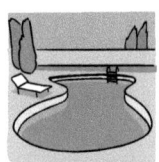

galleda

bucket

interruptor

switch

sala d'estar
living room

paper de paret
wallpaper
quadre
picture
làmpada
lamp
prestatge
shelf
armari
cupboard
televisor
television
escalfapanxes
fireplace
flor
flower
coixí
cushion
sofà
sofa
gerro
vase
telecomanda
remote control

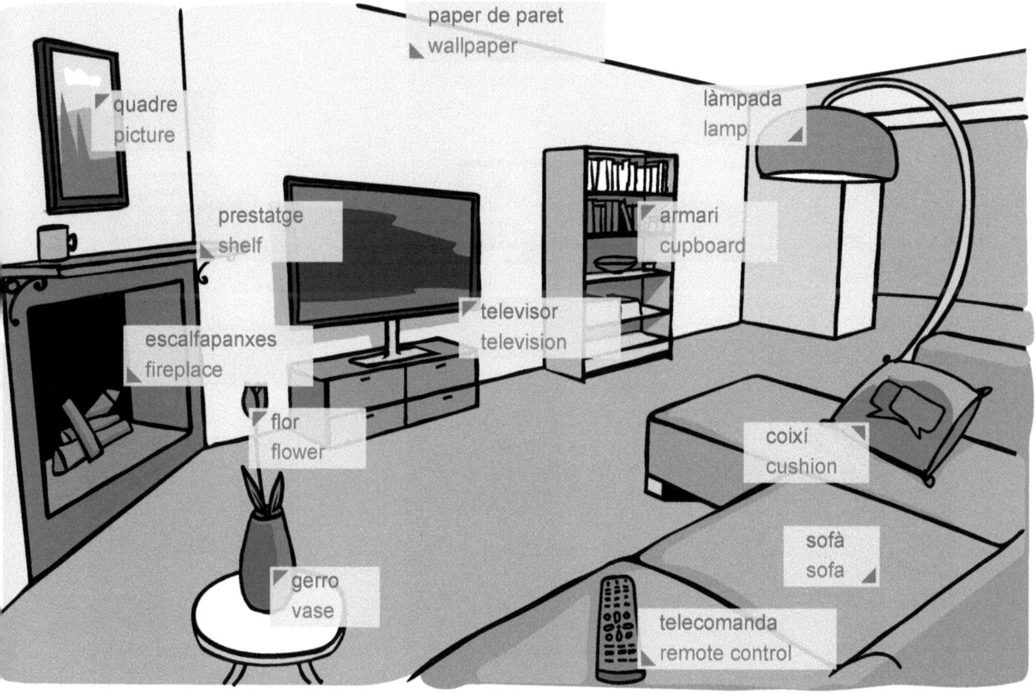

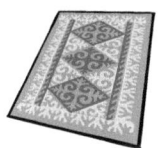

catifa

carpet

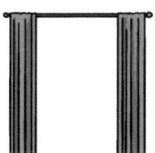

cortina

curtain

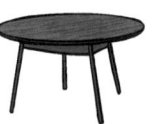

taula

table

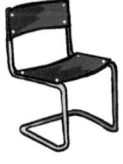

cadira

chair

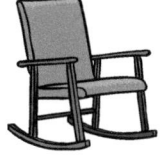

cadira gronxadora

rocking chair

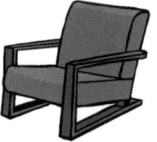

cadiral

armchair

llibre

book

llençol

blanket

decoració

decoration

llenya

firewood

film

film

cadena de música

hi-fi equipment

clau

key

diari

newspaper

pintura

painting

cartell

poster

ràdio

radio

bloc de notes

notepad

aspiradora

hoover

cactus

cactus

candela

candle

cuina
kitchen

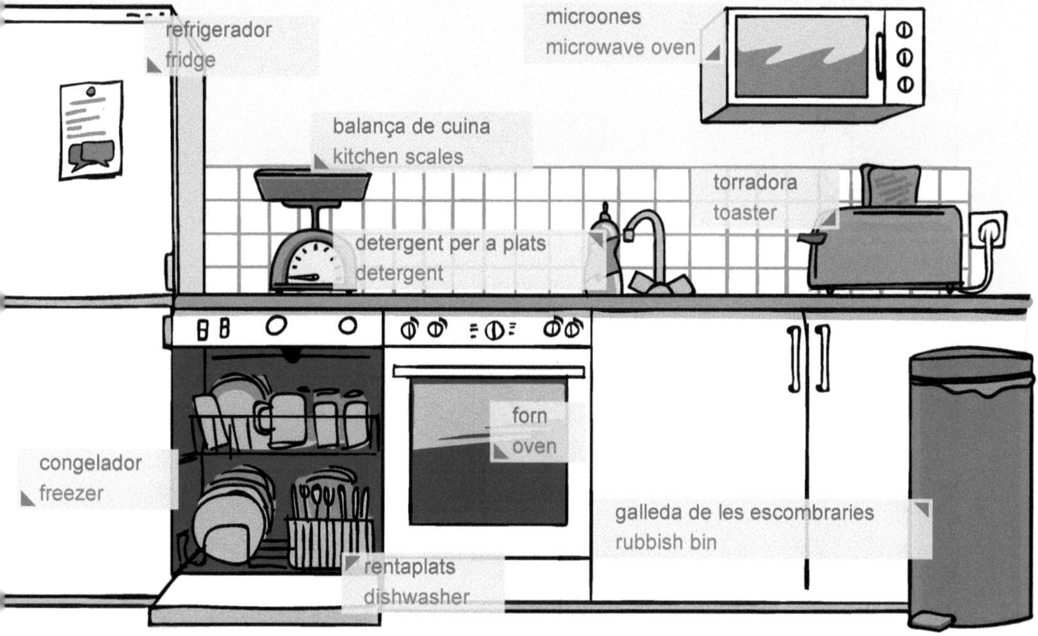

refrigerador
fridge
microones
microwave oven
balança de cuina
kitchen scales
torradora
toaster
detergent per a plats
detergent
forn
oven
congelador
freezer
galleda de les escombraries
rubbish bin
rentaplats
dishwasher

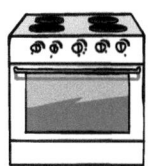

cuina de fogons
cooker

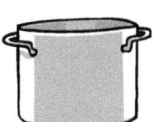

olla
pot

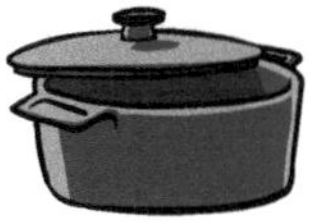

olla de ferro colat
cast-iron pot

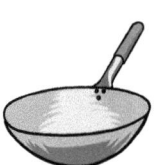

wok / karahi
wok / kadai

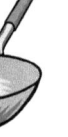

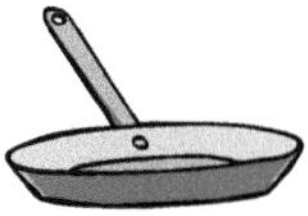

paella
pan

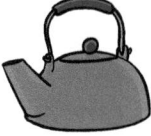

bullidor
kettle

olla de vapor

steamer

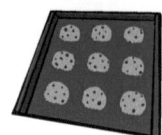

plata de forn

baking tray

vaixella

crockery

tassa grossa

mug

bol

bowl

bastonets xinesos

chopsticks

culler

ladle

espàtula

spatula

batedor

whisk

colador

strainer

sedàs

sieve

ratllador

grater

morter

mortar

barbacoa

barbecue

foc a terra

open fire

taula de tallar

chopping board

corró

rolling pin

llevataps

corkscrew

pot de conserva

can

obridor

can opener

agafador

pot holder

aigüera

sink

raspall

brush

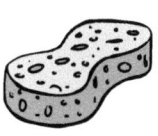

esponja

sponge

batedora

blender

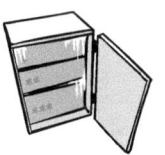

congelador

deep freezer

biberó

baby bottle

aixeta

tap

cuina - kitchen

bany

bathroom

dutxa
shower
calefacció
heating
tovallola
towel
cortina de dutxa
shower curtain
bany de bombollles
bubble bath
banyera
bathtub
got
glass
rentadora
washing machine
aixeta
tap
rajoles
tiles
orinal
potty
aigüera
sink

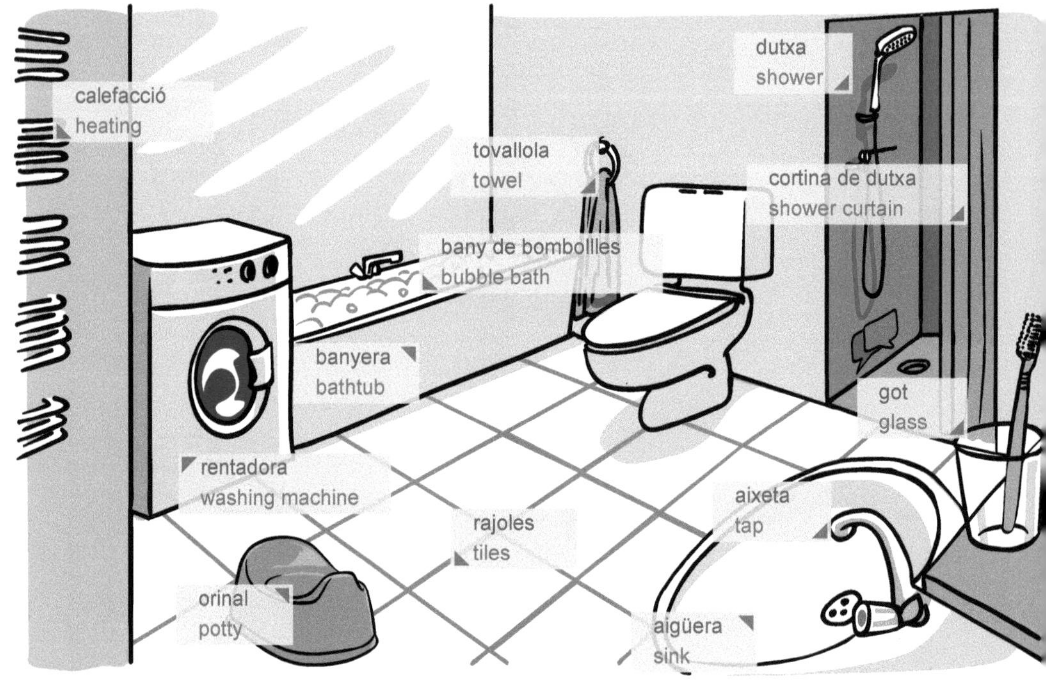

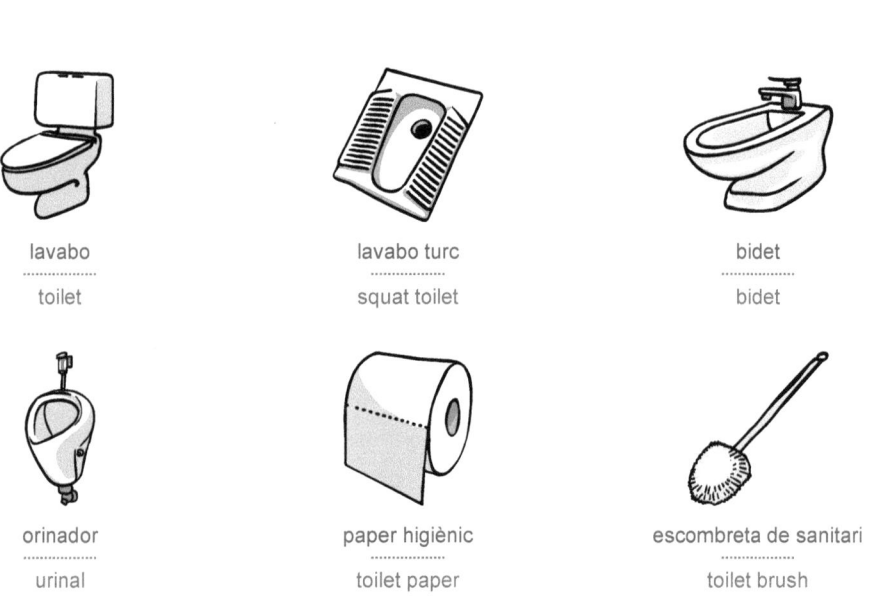

lavabo
toilet

lavabo turc
squat toilet

bidet
bidet

orinador
urinal

paper higiènic
toilet paper

escombreta de sanitari
toilet brush

raspall de dents

toothbrush

pasta de dents

toothpaste

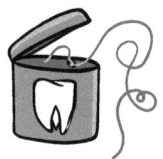

fil dental

dental floss

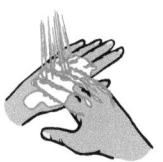

rentar

wash

pom de dutxa

handheld shower

dutxa íntima

douche

rentamans

basin

raspall per a l'esquena

back brush

sabó

soap

gel de dutxa

shower gel

xampú

shampoo

manyopla de bany

flannel

bonera

drain

crema

cream

desodorant

deodorant

mirall

mirror

mirall-espill de mà

hand mirror

maquineta de rasar

razor

espuma de barbejar

shaving foam

loció post-rasada

aftershave

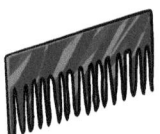

pinta

comb

raspall

brush

eixugador

hair dryer

laca

hairspray

maquillatge

makeup

pintallavis

lipstick

esmalt d'ungles

nail varnish

cotó

cotton wool

tallaungles

nail scissors

perfum

perfume

estoig de bellesa

washbag

tamboret

stool

bàscula

weighing scale

barnús

bathrobe

guants de goma

rubber gloves

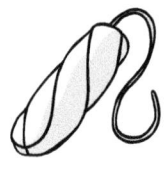

compresa higiènica

tampon

compresa

sanitary towel

sanitari químic

chemical toilet

cambra de nen
child's room

despertador
alarm clock
animal de peluix
cuddly toy
auto de joguina
toy car
sonall
rattle
casa de nines
doll's house
present
present

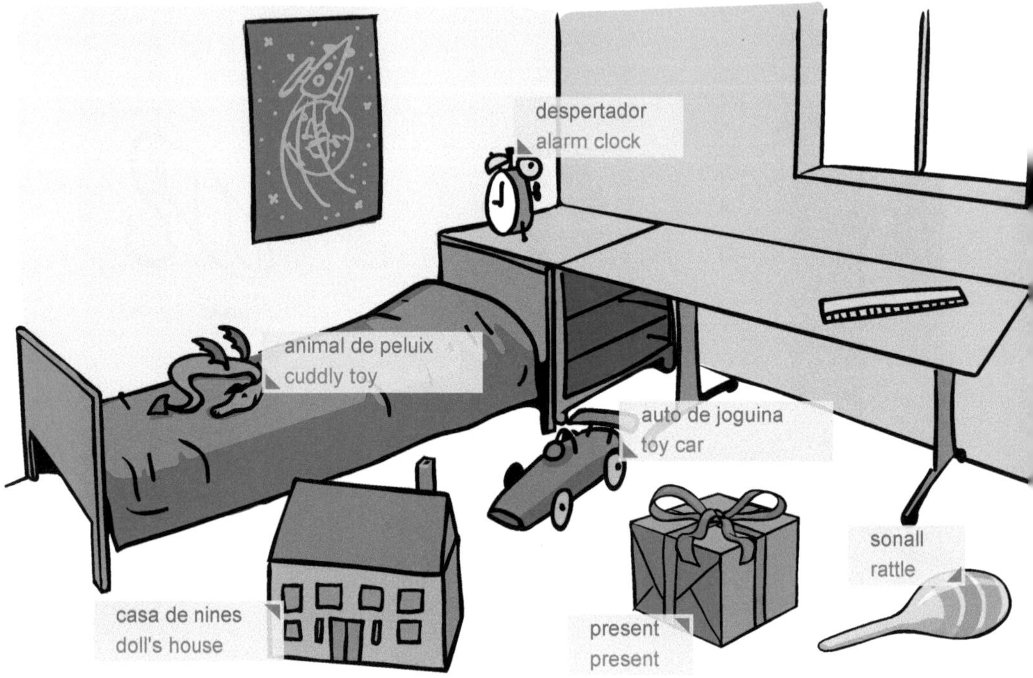

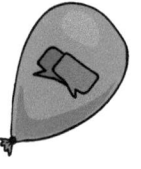

baló

balloon

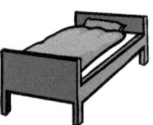

llit

bed

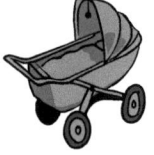

cotxet per a nens

pram

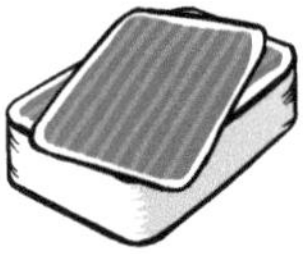

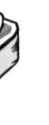

joc de cartes

deck of cards

trencaclosca

jigsaw

SUPER
MEGA

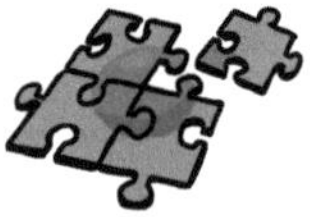

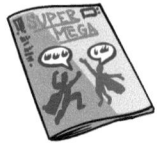

historieta

comic

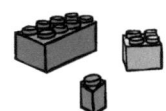

peces de lego

lego bricks

peces de construcció

building blocks

ninot d'acció

action figure

granota

babygrow

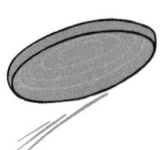

frisbee

frisbee

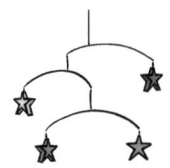

mòbil per a bressol

mobile

joc de taula

board game

daus

dice

tren elèctric

model train set

xumet

dummy

festa

party

llibre de dibuixos

picture book

pilota

ball

nina

doll

jugar

play

sorrera

sandpit

gronxador

swing

joguines

toys

consola de jocs de vídeo

video game console

tricicle

tricycle

osset de peluix

teddy bear

armari

wardrobe

roba

clothing

mitjons

socks

mitges

stockings

mitja pantaló

tights

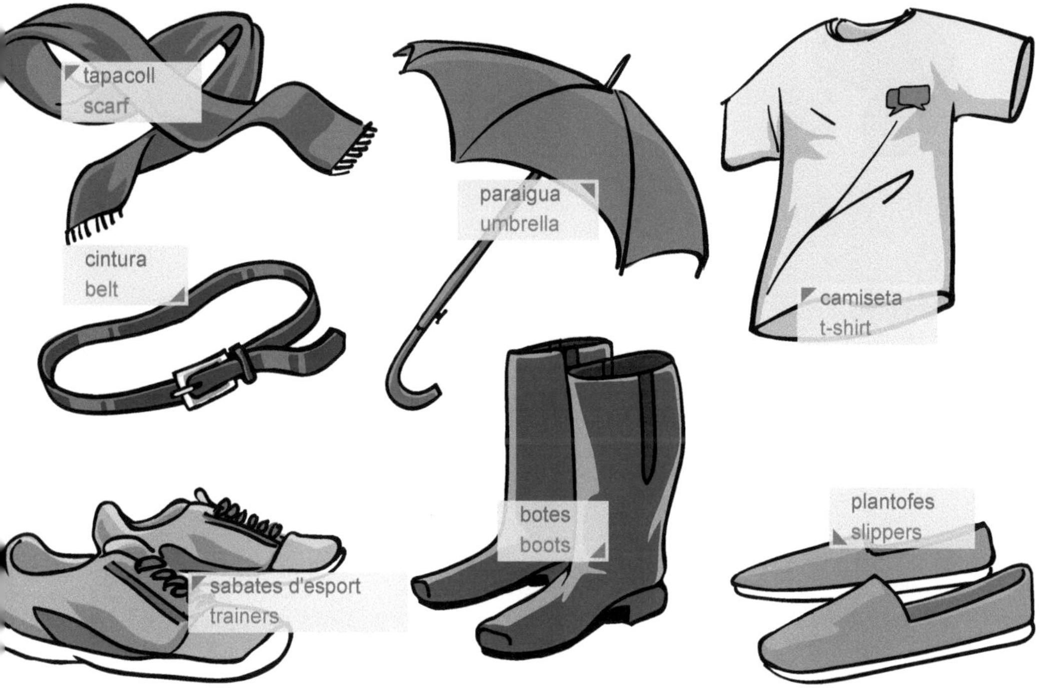

tapacoll
scarf

cintura
belt

paraigua
umbrella

camiseta
t-shirt

sabates d'esport
trainers

botes
boots

plantofes
slippers

sandàlies
....
sandals

sabates
....
shoes

botes de goma
....
rubber boots

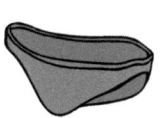

calçonets
....
underpants

sostenidor
....
bra

guardapits
....
vest

jjustacòs
body

pantalons
trousers

jeans
jeans

faldeta
skirt

brusa
blouse

camisa
shirt

jersei
pullover

dessuadora
hoodie

blazer
blazer

jaqueta
jacket

mantell
coat

impermeable
raincoat

vestit de dona
costume

vestit de dona
dress

vestit de núvia
wedding dress

vestit d'home

suit

camisa de dormir

nightgown

pijama

pyjamas

sari

sari

mocador de cap

headscarf

turbant

turban

burca

burqa

caftan

kaftan

abaia

abaya

vestit de bany

swimsuit

calçon(et)s de bany

trunks

pantalons curts

shorts

xandall

tracksuit

davantal

apron

guants

gloves

botó

button

ulleres

glasses

braçalet

bracelet

collaret

necklace

anell

ring

orellera

earring

casquet

cap

penjador

coat hanger

capell

hat

corbata

tie

cremallera

zip

casc

helmet

elàstics

braces

uniforme escolar

school uniform

uniforme

uniform

pitet
bib

xumet
dummy

bolquer
nappy

oficina
office

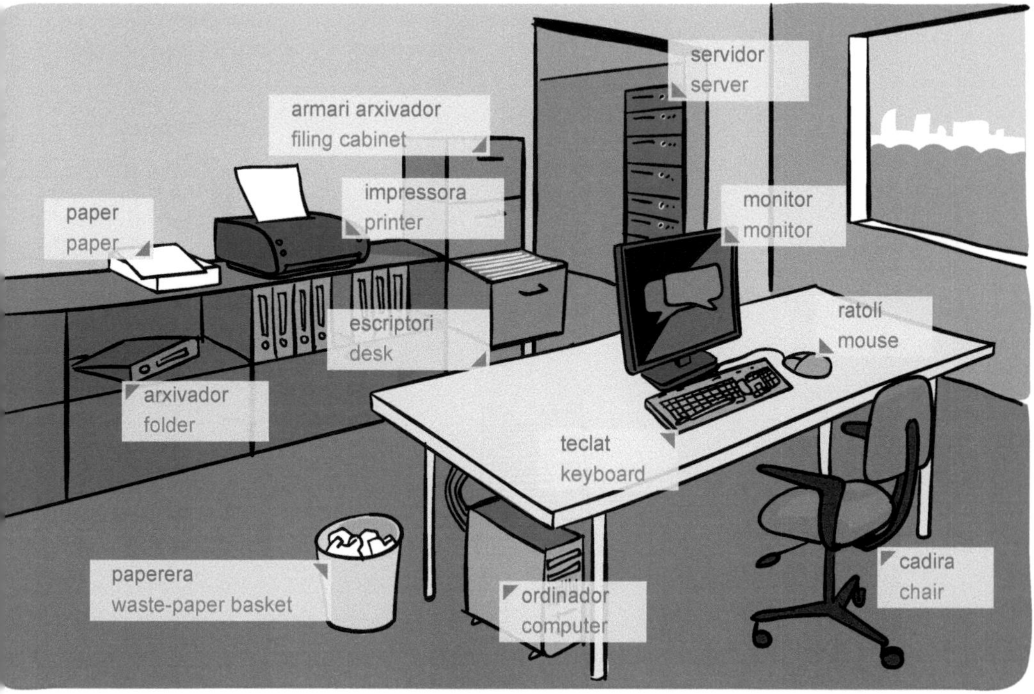

paper
paper

armari arxivador
filing cabinet

impressora
printer

servidor
server

monitor
monitor

escriptori
desk

ratolí
mouse

arxivador
folder

teclat
keyboard

cadira
chair

paperera
waste-paper basket

ordinador
computer

tassa de cafè
coffee mug

calculadora
calculator

Internet
internet

ordinador portàtil

laptop

lletra

letter

missatge

message

mòbil

mobile

xarxa

network

fotocopiadora

photocopier

programari

software

telèfon

telephone

presa de corrent

plug socket

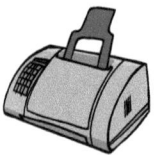

fax

fax machine

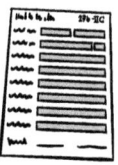

formulari

form

document

document

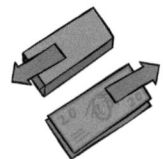

comprar

buy

pagar

pay

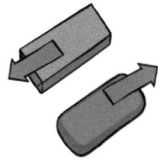

comerciar

trade

diners

money

dòlar

dollar

euro

euro

ien

yen

ruble

rouble

franc suís

Swiss franc

renminbi

renminbi yuan

rupia

rupee

caixa automàtica

cashpoint

oficina de canvi

bureau de change

or

gold

argent

silver

petroli

oil

energia

energy

preu

price

contracte

contract

impost

tax

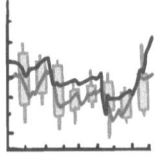

acció

stock

treballar

work

treballador

employee

empresari

employer

fàbrica

factory

botiga

shop

oficis
occupations

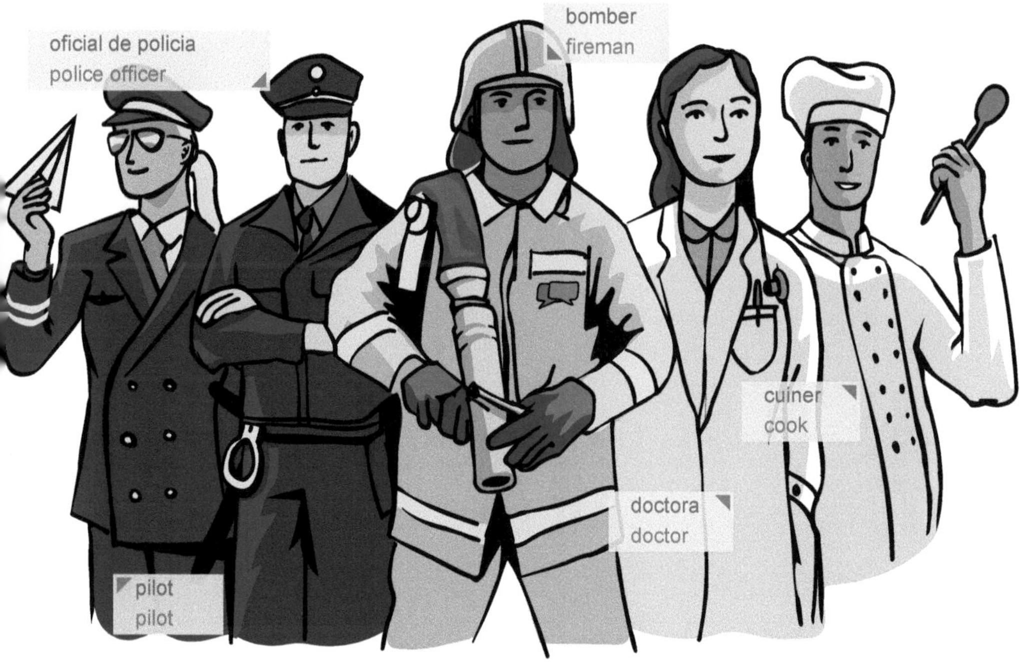

oficial de policia
police officer
bomber
fireman
cuiner
cook
doctora
doctor
pilot
pilot

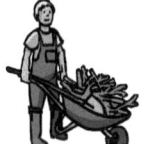

jardiner

gardener

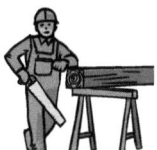

fuster

carpenter

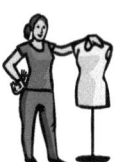

costurera

seamstress

jutge

judge

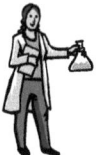

química

chemist

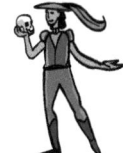

actor

actor

conductor d'autobús

bus driver

taxista

taxi driver

pescador

fisherman

dona de la neteja

cleaning lady

ensostrador

roofer

cambrer

waiter

caçador

hunter

pintor

painter

forner

baker

electricista

electrician

obrer de la construcció

builder

enginyer

engineer

carnisser

butcher

llanterner

plumber

correu

postman

soldat

soldier

arquitecte

architect

caixera

cashier

florista

florist

perruquer

hairdresser

revisor

conductor

mecànic

mechanic

capità

captain

dentista

dentist

científic

scientist

rabí

rabbi

imam

imam

monjo

monk

capellà

clergyman

eines

tools

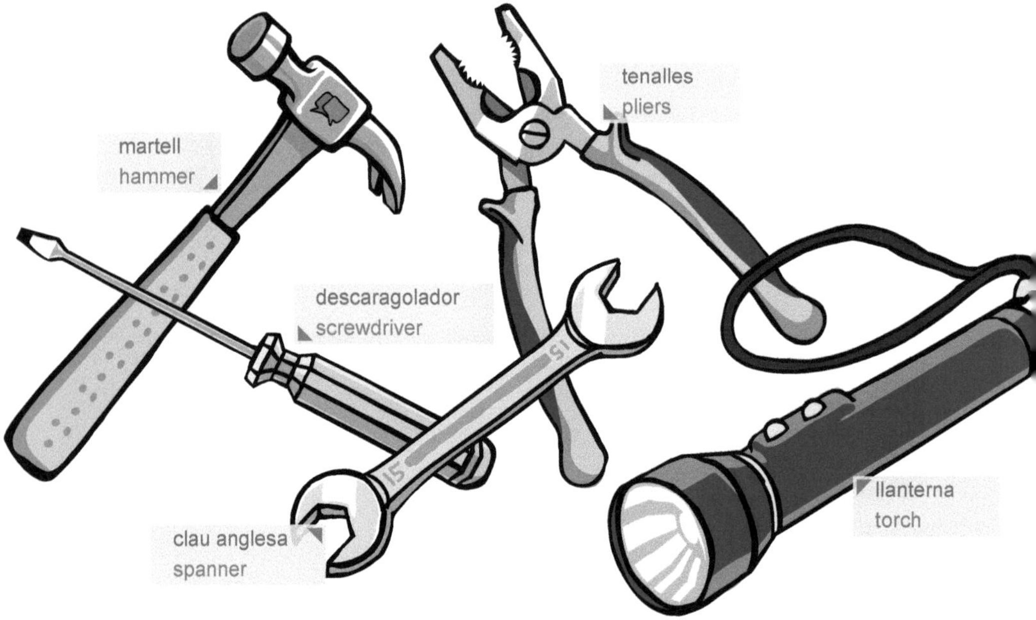
tenalles
pliers
martell
hammer
descaragolador
screwdriver
llanterna
torch
clau anglesa
spanner

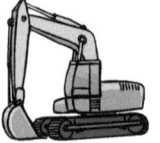

excavadora

digger

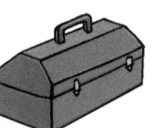

caixa d'eines

toolbox

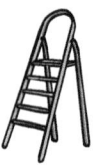

escala

ladder

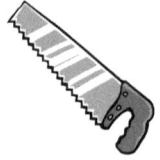

serra

saw

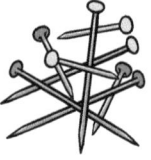

claus

nails

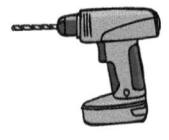

trepant

drill

reparar

repair

pala

shovel

Maleït siga!

Damn!

pala

dustpan

pot de pintura

paint pot

caragols

screws

instrument de música
musical instruments

altaveu
loudspeaker

bateria
drum kit

guitarra
guitar

contrabaix
double bass

trompeta
trumpet

piano
piano

violí
violin

baix
bass

timbal
timpani

tambor
drums

teclat
keyboard

saxofon
saxophone

flauta
flute

micròfon
microphone

ZOO

ZOO

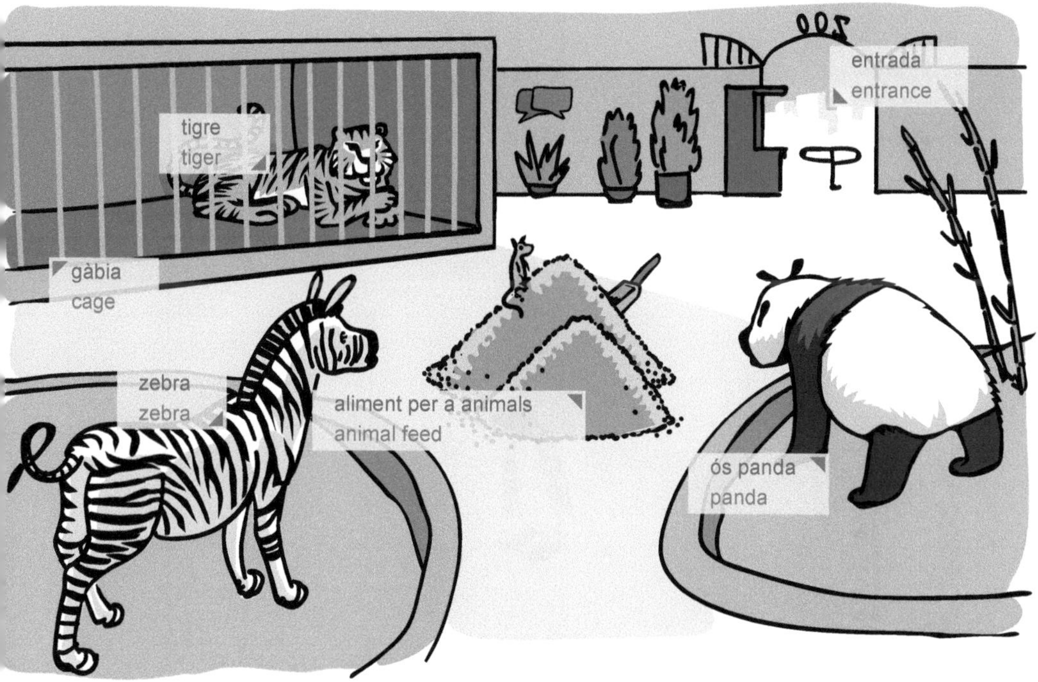
tigre
tiger
entrada
entrance
gàbia
cage
zebra
zebra
aliment per a animals
animal feed
ós panda
panda

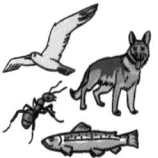

animals
animals

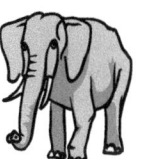

elefant
elephant

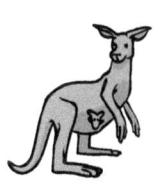

cangurú
kangaroo

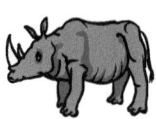

rinoceront
rhino

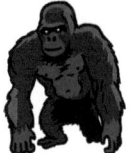

goril·la
gorilla

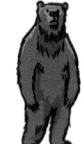

ós
bear

camell

camel

estruç

ostrich

lleó

lion

simi

monkey

flamenc

flamingo

papagai

parrot

ós polar

polar bear

pingüí

penguin

ca mari

shark

paó

peacock

serp

snake

cocodril

crocodile

guardià del zoo

zookeeper

foca

seal

jaguar

jaguar

poni

pony

lleopard

leopard

hipopòtam

hippo

girafa

giraffe

àliga

eagle

senglar

boar

peix

fish

tortuga

turtle

morsa

walrus

guineu

fox

gasela

gazelle

futbol americà
American football

ciclisme
cycling

tenis
tennis

bàsquet
basketball

natació
swimming

boxa
boxing

hoquei sobre gel
ice hockey

futbol americà	bàdminton	atletisme
football	badminton	athletics
handbol	esquí	polo
handball	skiing	polo

saltar
jump

riure
laugh

abraçar
hug

anar
walk

cantar
sing

pregar
pray

fer un petó
kiss

somiar
dream

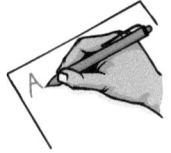

escriure

write

dibuixar

draw

mostrar

show

pitjar

push

donar

give

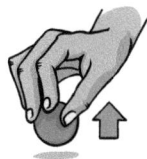

prendre

take

tenir

have

fer

do

ésser

be

estar dret

stand

córrer

run

estirar

pull

llançar

throw

caure

fall

jeure

lie

esperar

wait

portar

carry

asseure's

sit

vestir-se

get dressed

dormir

sleep

despertar-se

wake up

mirar
look at

plorar
cry

amoixar
stroke

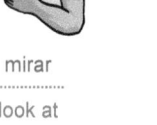

pentinar
comb

parlar
talk

comprendre
understand

demanar
ask

escoltar
listen

beure
drink

menjar
eat

endreçar
tidy up

estimar
love

cuinar
cook

conduir
drive

volar
fly

activitats - activities

navegar

sail

calcular

calculate

llegir

read

aprendre

learn

treballar

work

casar-se

marry

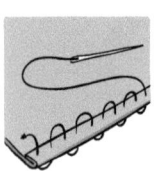

cosir

sew

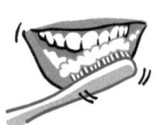

raspallar-se les dents

brush teeth

matar

kill

fumar

smoke

enviar

send

família
family

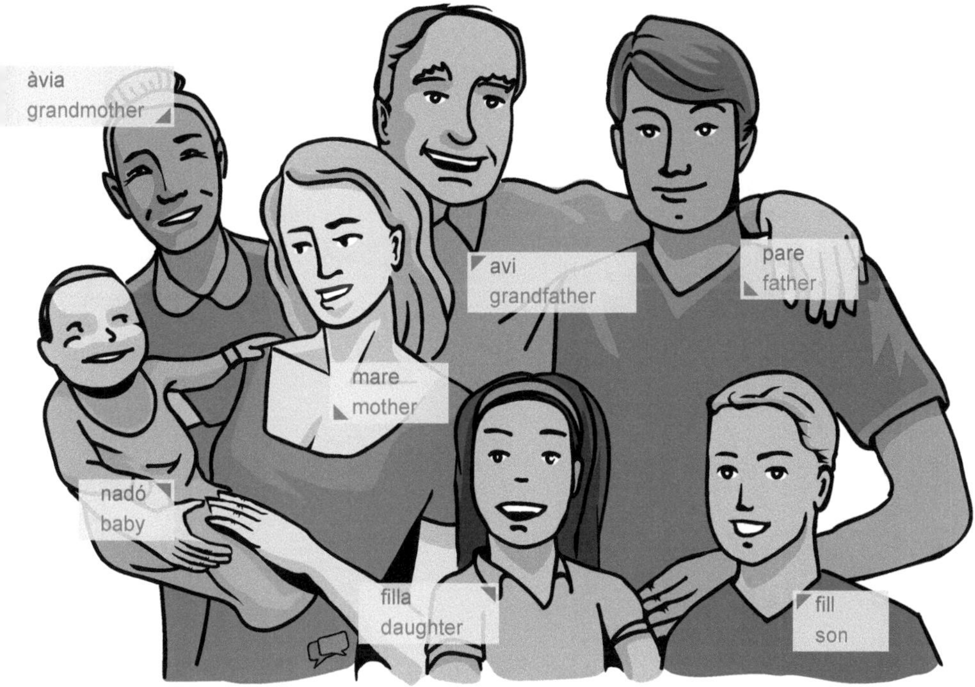

àvia
grandmother
avi
grandfather
pare
father
mare
mother
nadó
baby
filla
daughter
fill
son

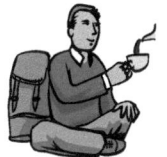

convidat
guest

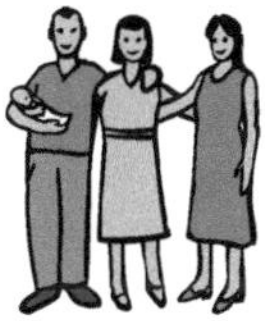

tia
aunt

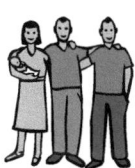

oncle
uncle

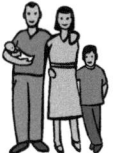

germà
brother

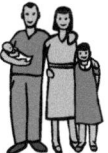

germana
sister

cos
body

front
forehead
ull
eye
espatlla
shoulder
dit
finger
cara
face
barbeta
chin
mà
hand
cama
leg
pit
breast
braç
arm

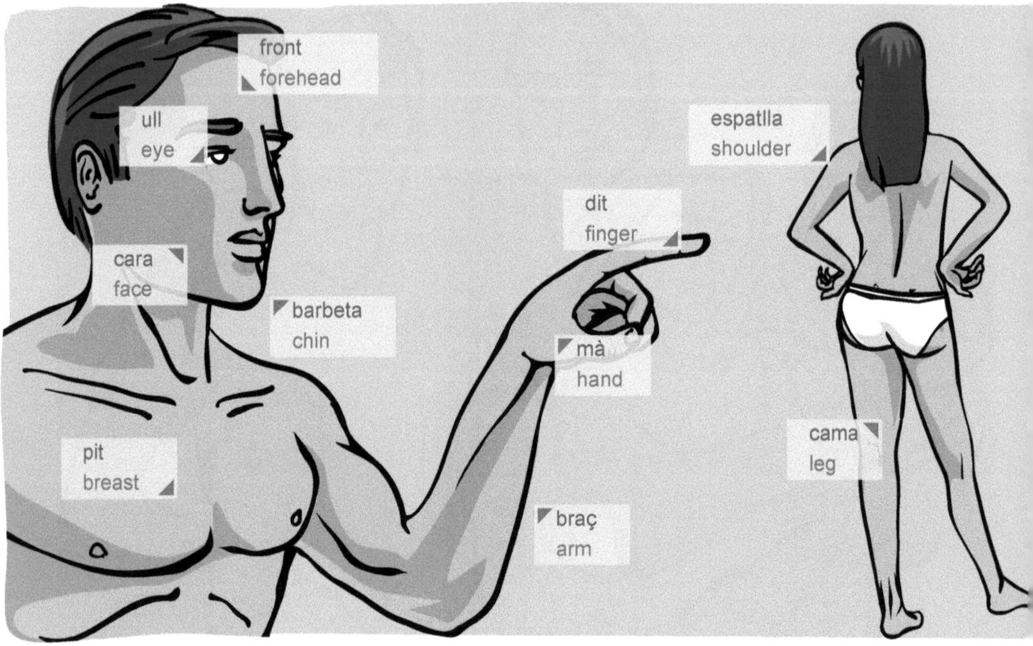

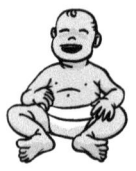

nadó

baby

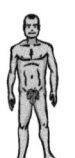

home

man

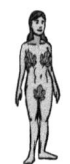

dona

woman

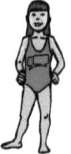

noia

girl

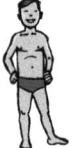

noi

boy

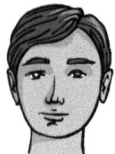

cap

head

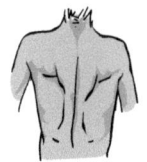

esquena

back

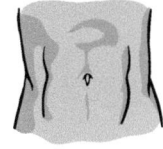

panxa

belly

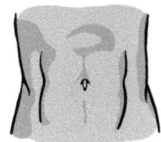

melic

belly button

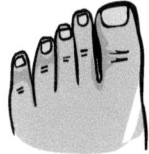

dit gros del peu

toe

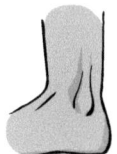

taló

heel

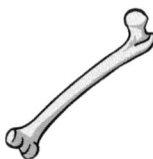

os

bone

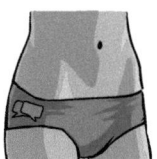

maluc

hip

genoll

knee

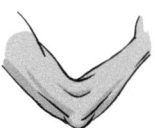

colze

elbow

nas

nose

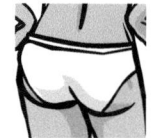

cul

bottom

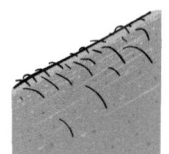

pell

skin

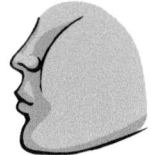

galta

cheek

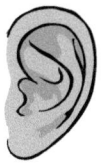

orella

ear

llavi

lip

cos - body

69

boca

mouth

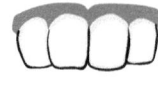

dent

tooth

llengua

tongue

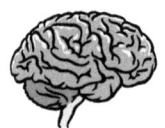

cervell

brain

cor

heart

múscul

muscle

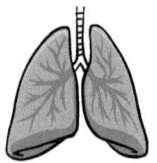

pulmó

lung

fetge

liver

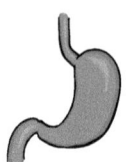

estómac

stomach

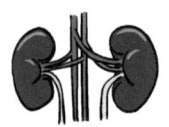

ronyó

kidneys

relació sexual

sex

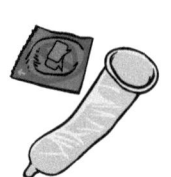

preservatiu

condom

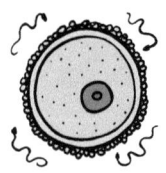

ovari

ovum

semen

semen

prenyat

pregnancy

cos - body

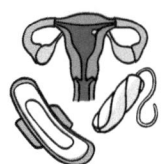

menstruació
menstruation

vagina
vagina

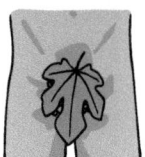

penis
penis

cella
eyebrow

cabells
hair

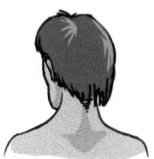

coll
neck

hospital
hospital

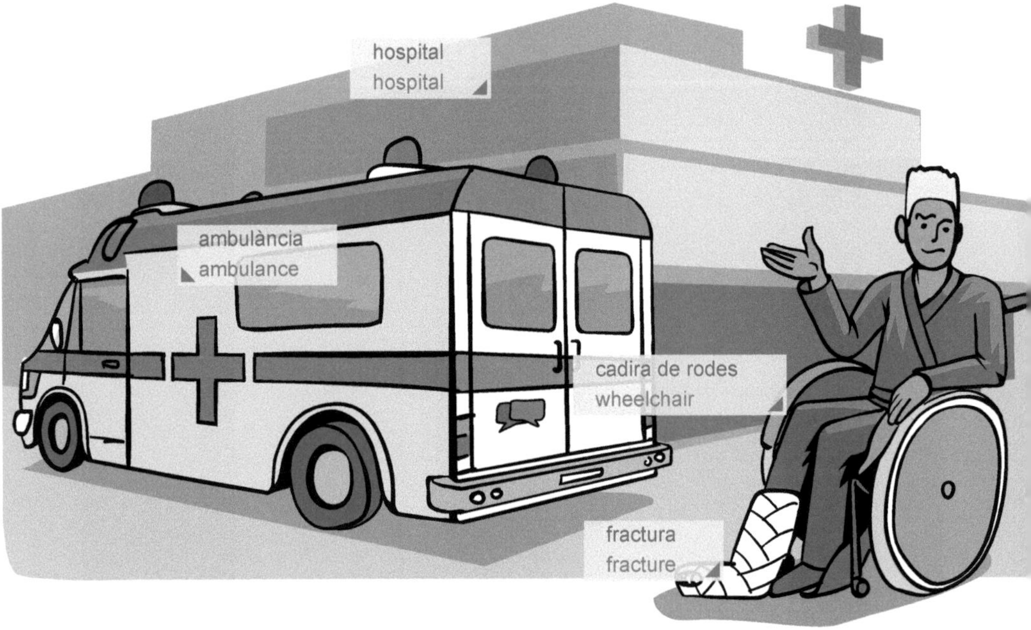

hospital
hospital
ambulància
ambulance
cadira de rodes
wheelchair
fractura
fracture

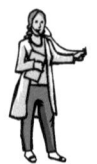

doctora
doctor

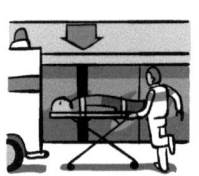

sala d'urgències
emergency room

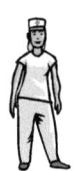

infermera
nurse

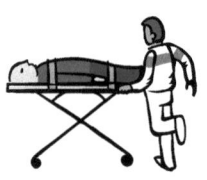

urgència
emergency

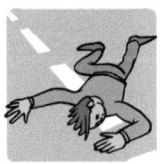

inconscient
unconscious

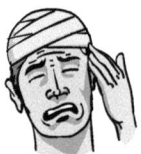

dolor
pain

ferida

injury

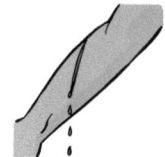

sagnament

bleeding

atac de cor

heart attack

apoplexia

stroke

al·lèrgia

allergy

tos

cough

febre

fever

gripa

flu

diarrea

diarrhoea

mal de cap

headache

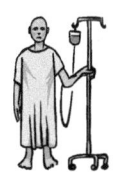

càncer

cancer

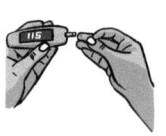

diabetis

diabetes

cirurgià

surgeon

escalpel

scalpel

operació

operation

tomografia computada (TC),
TAC
CT

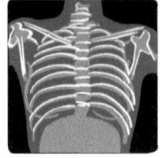

raigs x

x-ray

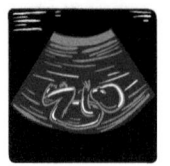

ultrasò

ultrasound

mascareta

face mask

malaltia

disease

sala d'espera

waiting room

crossa

crutch

tireta

plaster

embenat

bandage

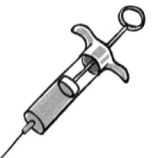

injecció

injection

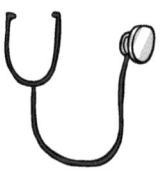

estetoscopi

stethoscope

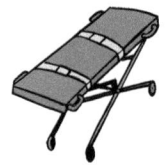

llitera

stretcher

termòmetre clínic

clinical thermometer

pariment

birth

sobrepès

overweight

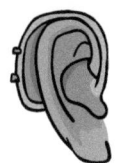

aparell auditiu

hearing aid

desinfectant

disinfectant

infecció

infection

virus

virus

VIH / SIDA

HIV / AIDS

medicina

medicine

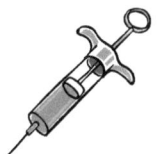

vaccí

vaccination

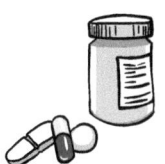

comprimits

tablets

píl·lola

pill

trucada d'urgència

emergency call

tensiòmetre

blood pressure monitor

malalt / sà

ill / healthy

Socors!

Help!

alarma

alarm

assalt

assault

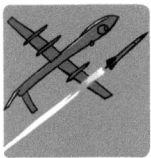

atac

attack

perill

danger

sortida-eixida d'urgència

emergency exit

Foc!

Fire!

extintor

fire extinguisher

accident

accident

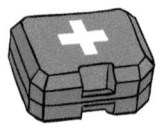

farmaciola de primers auxilis

first-aid kit

SOS

SOS

policia

police

Europa

Europe

Amèrica del Nord

North America

Amèrica del Sud

South America

Àfrica

Africa

Àsia

Asia

Austràlia

Australia

Atlàntic

Atlantic

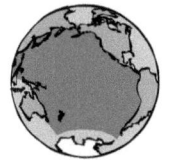

Pacífic

Pacific

Oceà Índic

Indian Ocean

Oceà Antàrtic

Antarctic Ocean

Oceà Àrtic

Arctic Ocean

pol nord

North Pole

pol sud

South Pole

Antàrtida

Antarctica

terra

Earth

país

land

mar

sea

illa

island

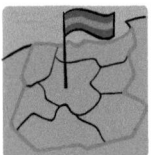

nació

nation

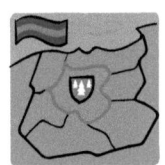

estat

state

quadrant

clock face

agulla de les hores

hour hand

agulla dels minuts

minute hand

agulla dels segons

second hand

Quina hora és?

What time is it?

dia

day

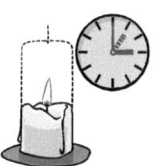

temps

time

ara

now

rellotge digital

digital watch

minut

minute

hora

hour

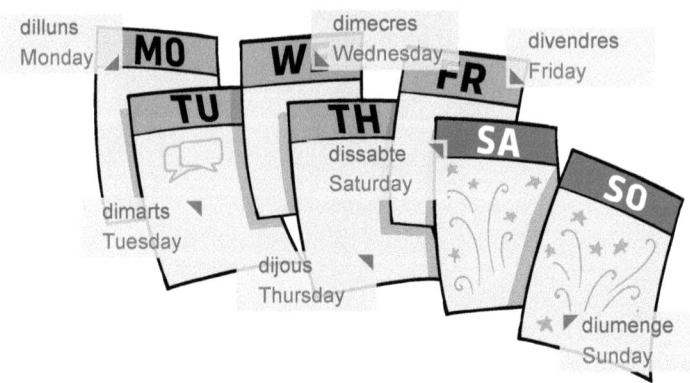

dilluns
Monday

dimecres
Wednesday

divendres
Friday

dimarts
Tuesday

dissabte
Saturday

dijous
Thursday

diumenge
Sunday

ahir

yesterday

avui

today

demà

tomorrow

matí

morning

migdia

noon

tarda

evening

MO	TU	WE	TH	FR	SA	SU
1	2	3	4	5	6	7
8	9	10	11	12	13	14
15	16	17	18	19	20	21
22	23	24	25	26	27	28
29	30	31	1	2	3	4

dia feiner

business days

MO	TU	WE	TH	FR	SA	SU
1	2	3	4	5	6	7
8	9	10	11	12	13	14
15	16	17	18	19	20	21
22	23	24	25	26	27	28
29	30	31	1	2	3	4

cap de setmana

weekend

any
year

pluja
rain
arc de Sant Martí
rainbow
vent
wind
neu
snow
primavera
spring
estiu
summer
tardor
autumn
hivern
winter

4.APRIL 11°
5.APRIL 4°
6.APRIL 13°
7.APRIL 8°
8.APRIL 10°

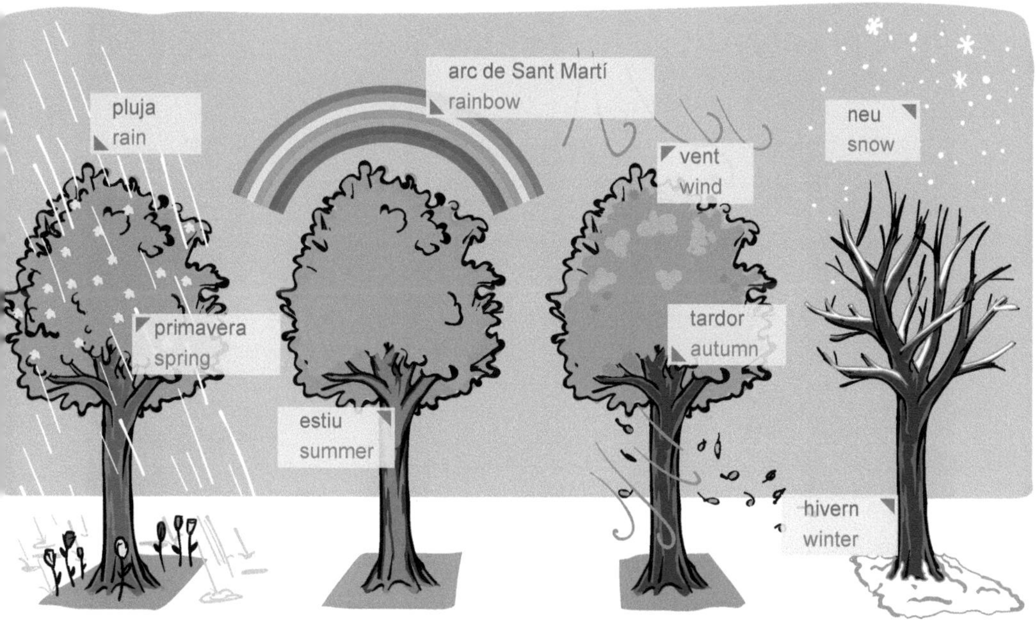

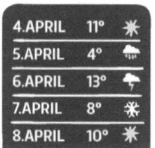

pronòstic del temps

weather forecast

F C
120 90 60 30 0 -30
40 30 20 10 0 -10 -20

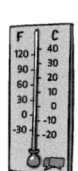

termòmetre

thermometer

llum del sol

sunshine

núvol

cloud

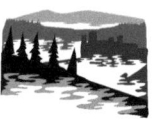

boira

fog

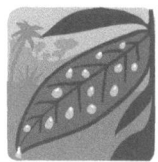

humiditat de l'aire

humidity

llamp

lightning

tro

thunder

tempesta

storm

calamarsa

hail

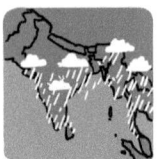

monsó

monsoon

inundació

flood

gel

ice

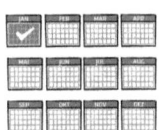

gener

January

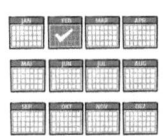

febrer

February

març

March

abril

April

maig

May

juny

June

juliol

July

agost

August

any - year

setembre
....
September

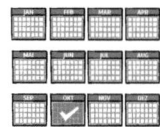

octubre
....
October

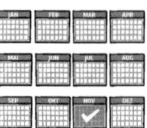

novembre
....
November

desembre
....
December

formes

shapes

cercle
....
circle

quadrat
....
square

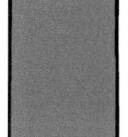

rectangle
....
rectangle

triangle
....
triangle

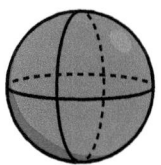

esfera
....
sphere

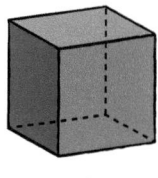

cub
....
cube

colors

colours

blanc

white

groc

yellow

taronja

orange

rosa

pink

vermell

red

lila

purple

blau

blue

verd

green

marró

brown

gris

grey

negre

black

molt / poc

a lot / a little

emprenyat / tranquil

angry / calm

bonic / lleig

beautiful / ugly

començament / fi

beginning / end

gran / petit

big / small

clar / fosc

bright / dark

germà / germana

brother / sister

net / brut

clean / dirty

complet / incomplet

complete / incomplete

dia / nit

day / night

mort / viu

dead / alive

ample / estret

wide / narrow

comestible / immenjable

edible / inedible

dolent / amable

evil / kind

entusiasmat / entediat

excited / bored

gros / prim

fat / thin

primer / darrer

first / last

amic / enemic

friend / enemy

ple / buit

full / empty

dur / tou

hard / soft

pesant / lleuger

heavy / light

gana / set

hunger / thirst

malalt / sà

ill / healthy

il·legal / legal

illegal / legal

intel·ligent / ximple

intelligent / stupid

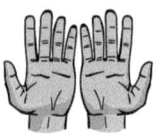

esquerra / dreta

left / right

prop / llunyà

near / far

nou / usat
new / used

res / quelcom
nothing / something

vell / jove
old / young

encès / apagat
on / off

obert / tancat
open / closed

silenciós / sorollós
quiet / loud

ric / pobre
rich / poor

correcte / incorrecte
right / wrong

aspre / suau
rough / smooth

trist / content
sad / happy

curt / llarg
short / long

lent / ràpid
slow / fast

humit / sec - eixut
wet / dry

calent / fred
warm / cool

guerra / pau
war / peace

nombres

numbers

0	**1**	**2**
zero	u	dos
zero	one	two
3	**4**	**5**
tres	quatre	cinc
three	four	five
6	**7**	**8**
sis	set	vuit
six	seven	eight
9	**10**	**11**
nou	deu	onze
nine	ten	eleven

12	**13**	**14**
dotze	tretze	catorze
twelve	thirteen	fourteen

15	**16**	**17**
quinze	setze	disset
fifteen	sixteen	seventeen

18	**19**	**20**
divuit	dinou	vint
eighteen	nineteen	twenty

100	**1.000**	**1.000.000**
cent	mil	milió
hundred	thousand	million

anglès

English

anglès americà

American English

xinès mandarí

Chinese Mandarin

hindi

Hindi

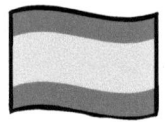

espanyol

Spanish

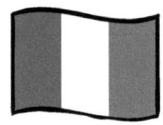

francès

French

àrab

Arabic

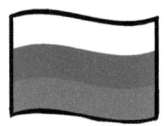

rus

Russian

portuguès

Portuguese

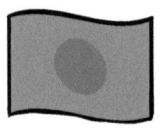

bengalí

Bengali

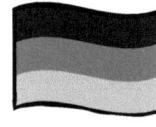

alemany

German

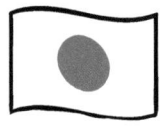

japonès

Japanese

jo

I

tu

you

ell / ella / allò

he / she / it

nosaltres

we

vosaltres

you

ells

they

qui?

who?

què?

what?

com?

how?

on?

where?

quan?

when?

nom

name

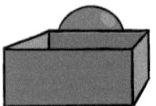

darrere

behind

en

in

davant de

in front of

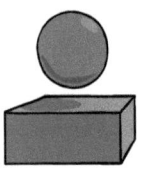

damunt

over

sobre

on

sota

under

al costat

beside

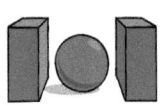

entre

between

lloc

place